FAUSTINO DÍAZ NISO

CERTEZAS Y EXTRAÑEZAS

Platero
COOLBOOKS

Título: Certezas y extrañezas
Primera edición: agosto, 2024
© 2024, del texto Faustino Díaz Niso.
© 2024, de la ilustración de cubierta Luis Lomelino
© 2024, de la edición, maquetación y diseño Platero CoolBooks.
© Platero Editorial S.L.
Glorieta Fernando Quiñones s/n .
Edif. Centris, planta 2, módulo 10. 41940 Tomares (Sevilla)
info@plateroeditorial.es
www.plateroeditorial.es
Diseño de portada: Platero CoolBooks.

Printed in Spain-Impreso en España
ISBN: 978-84-10062-62-7

A mi pueblo de Brozas y a su gente.

Necesito certezas, y que sean de las inmediatas,
que no esperen un mañana.
—JOSÉ SARAMAGO, *La caverna*

BENITO.- Ahora echo de ver que cada día
se ven en el mundo cosas nuevas.
—MIGUEL DE CERVANTES,
El retablo de las maravillas

Índice

PREÁMBULO... 11

CERTEZAS.. 15

IR Y QUEDARSE 17

DE VUELTA A CASA.............................. 19

SILENCIO 21

INSOLACIÓN/DESOLACIÓN.............. 23

SIEMPRE... 25

DEL MISMO HIERRO........................... 27

DE AFECTOS Y REFUGIOS................. 29

UNA VIDA SENCILLA.......................... 31

RAZÓN DE VIDA 33

¡CUÁN GRITAN ESOS MALDITOS! ... 35

NO HE DE CALLAR…........................... 39

SCRIPTA MANENT............................... 41

POÉTICA SENCILLA 43

PROCESO IMPRECISO 45

EXTRAÑEZAS 47

EN ESTOS TIEMPOS DE MUNDOS ... 49

VANITAS VANITATUM 51

SOBRE MINDFULNESS, ... 53

SOBRE ARTISTAS Y FANTOCHES 57

SCRIPTA MANENT (VERSIÓN 61

INSTAPOETAS A LA VIOLETA 65

VIEJOS VERSOS PARA BODAS 69

PEREGRINO DE DISEÑO 75

ARGONAUTA MODERNO 79

AGRADECIMIENTOS 81

PREÁMBULO

DEL LATÍN PRAE, ANTES, Y AMBULARE, ANDAR

Andaba dándole vueltas a la manera en la que podía empezar esta introducción, cuando recordé las palabras finales de la novela picaresca escrita por Quevedo, *El Buscón*. Allí podemos leer que «nunca mejora su estado quien muda solamente de lugar y no de vida y costumbres». Supongo que algo parecido al pícaro protagonista me pasa a mí. No soy persona muy dada a los cambios. Ese es el motivo por el que en este libro vas a encontrar muchas cosas similares a las que había en el primero que escribí: continuarás viendo estrofas y versos clásicos (sonetos, tercetos, endecasílabos, octosílabos), no faltarán referencias a autores del Siglo de Oro, tan apreciados por mí; intercaladas entre los poemas, hallarás reflexiones que pretenden explicar el motivo o el momento en el que se escribieron. El tono humorístico, aunque, en menor medida, también se pone de manifiesto en algunas composiciones.

Hay, sin embargo, algunos cambios. El primero tiene que ver con el asunto de los poemas. Considero que no tiene mucho sentido seguir escribiendo sobre la docencia. Ha sido una etapa muy grata de mi vida, pero ya se ha terminado. Podría decirse que lo que he hecho en esta ocasión ha sido salir del aula y mirar alrededor, observar la realidad más cercana, la de todos los días, y componer a partir de ella. El segundo de los cambios radica en que el tono es otro, más serio, creo yo. No es algo buscado, sino que ha venido como consecuencia, en buena medida, de los nuevos temas que llamaban mi atención.

A la hora de ordenar lo que tenía escrito, me he dado cuenta de que el conjunto de las poesías que aquí aparecen giraba en torno a dos ideas centrales. De un lado, una serie de certezas a las que me siento aferrado de manera que, además de proporcionarme seguridad, es muy difícil que, respecto a ellas, alguien me haga cambiar de opinión. En una persona tan insegura como yo, considero que es decir bastante. Algunas de estas certezas me llevan hacia mi pasado, a mi infancia, a sensaciones y lugares que transité y sigo transitando después de tanto tiempo. Otras están relacionadas con la necesidad de sosiego y serenidad frente a la irritación social que observo y que a nada bueno conduce.

El segundo grupo de poemas tiene que ver con situaciones que me producen una tremenda extrañeza. No es que me oponga a ellas o quiera combatirlas, entre otras cosas porque no podría. Simplemente no las entiendo y, en esos casos, me quedo perplejo. Los cambios que ha traído a nuestras vidas la era digital tienen buena parte de culpa de mi desconcierto. Alguien podría resumir esto diciendo que me estoy haciendo mayor. No me importa reconocerlo, entre otras cosas porque es evidente. Sin embargo, no es menos cierto que prefiero mantener una elevada capacidad de asombro para no tener que aceptar como normales, circunstancias absolutamente incomprensibles y que me dejan desorientado. Espero que no se me acuse de intransigente o inmovilista. No obstante, acepto que alguien pueda hacerlo. Al fin y al cabo, cada uno interpreta lo que lee como mejor le parece.

CERTEZAS

Torno al hogar a esta hora divina del estío.

—Juan Ramón Jiménez

Entendí que el poema que debía aparecer en primer lugar en este libro es el que ofrezco a continuación. Está escrito a modo de despedida de mis compañeros de profesión docente. Cuando se trata de decir adiós, es fácil caer en la tentación de la tristeza. Sin embargo, no quise yo, cuando estaba enhebrando estos versos, dejarme ganar por la melancolía y sí mostrarme moderadamente satisfecho de mi trabajo como profesor. Pensaba además que, con la jubilación, se abría ante mí un nuevo tiempo en el que pudiera seguir escribiendo de otros temas y con otro enfoque, aunque sin abandonar las estrofas clásicas. El título, que lo tomé prestado de un soneto de Lope, refleja la contradictoria sensación que experimenté en mis últimos días en el aula.

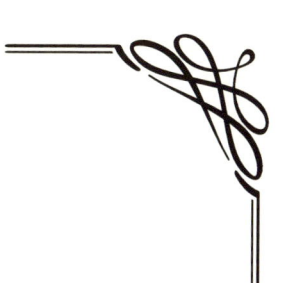

IR Y QUEDARSE

El pupitre, la tiza, el encerado
desde niño estuvieron en mi vida.
Ahora toca entonar la despedida
del noble oficio que ejerció Machado.

Feliz por el trabajo realizado,
inquieto en la casilla de salida,
aunque el vértigo surja en la partida,
no quiero caminar hacia el pasado.

Cuando ya la función esté acabada,
en silencio saldré del escenario,
después que finalicen los honores.

Procurando una vida sosegada,
solo aspiro a tener lo necesario,
libre al fin de ansiedades y rigores.

A medida que se van cumpliendo años, existe una tendencia, inevitable creo yo, a mirar hacia atrás. No se trata de un afán por recuperar un tiempo que ya pasó, sino más bien de comprobar cuánto queda en nosotros de aquel que fuimos. Entre las certezas absolutas e irrenunciables que me acompañan, está, sin duda (y lo afirma alguien de natural indeciso), el asidero que para mí representa todo lo relativo al lugar donde nací y viví la primera parte de mi vida. Cuando miro al pasado, o cuando ahora visito esos sitios, me satisface reconocer sensaciones adquiridas en mi infancia y que quedaron grabadas en mí de tal manera, que se mantienen vivas, a pesar del paso de los años.

Este poema surgió de la pregunta que una buena amiga me hizo acerca de cómo titularía yo un poema sobre la vuelta a la tierra de mi niñez, a mi pueblo. Pensé que era un tema apropiado para una composición y decidí hablar de sonidos, olores, impresiones que había percibido desde pequeño y que todavía hoy puedo experimentar cuando regreso a casa.

DE VUELTA A CASA

En la fuente, el carámbano de enero
y en la escuela, un rostro ensimismado,
la cigüeña proclama en el tejado
la llegada inminente de febrero;

suena el yunque en la fragua de un herrero,
huele mayo a pasto ya cortado,
y en la tarde hay ruido alborozado
de niños que se escapan de un lucero;

adormecido sobre el blanco muro,
el estío, en silencio incandescente,
con la hora de la siesta se acompasa;

temor secreto frente al pozo oscuro,
sentir que quien se fue sigue presente;
señales son de mi regreso a casa.

Admito que siempre hay algo (o mucho) de idealización en el retorno sentimental a mi tierra. Sin embargo, eso no me impide reconocer que hay otros aspectos no tan agradables y que descubro cuando vuelvo cada cierto tiempo al lugar de mi infancia. Uno de ellos tiene que ver con eso que se ha dado en llamar la España vacía o vaciada. Comprobar que lo que antes era vitalidad, ruido, actividad incesante se ha convertido en silencio y soledad, es algo que no puede pasarme inadvertido.

Este poema surgió a raíz de lo que me dijo un amigo en una ocasión en la que hablábamos sobre el tema: «Muchos días no me cruzo con nadie, cuando voy por las tardes a ver a mi madre».

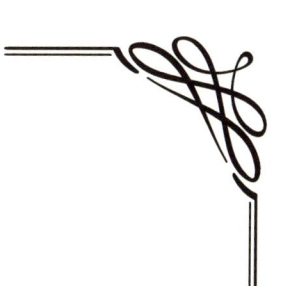

SILENCIO

Asciende con pereza la neblina,
todo es calma y sigilo en el paisaje,
tonos grises matizan el celaje,
y el pueblo tras la bruma se adivina.

En sus calles desiertas la rutina
del silencio impone su lenguaje,
y la añoranza cobra su peaje
en la tarde a una sombra que camina.

No se siente a los niños alocados,
que escapan de la escuela jubilosos
a una plaza que ya no tiene vida,

y, tras caer la noche en los tejados,
se escuchan unos pasos cautelosos,
buscando del vacío la salida.

El abandono, el olvido del entorno rural produce inevitablemente el deterioro del medio ambiente. Los que somos de una tierra de secano sabemos muy bien, además de lo dicho, los problemas derivados de la falta de agua, el sol inclemente en verano y el daño que puede provocar un incendio. (Recuerdo, cuando niño, el repique de las campanas de la iglesia convocando a todos aquellos que pudieran acudir a sofocar el fuego que se había declarado en el campo). Volviendo una vez de tierras del norte de España, tan verdes, tan favorecidas por la lluvia, cruzábamos Extremadura. A lo lejos podía verse el humo de un devastador incendio que estaba asolando nuestra comarca de Las Hurdes. Lamenté la dura suerte de mi tierra y pensé que debía escribir sobre lo que contemplaba.

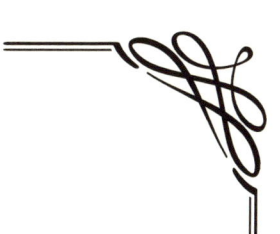

INSOLACIÓN/DESOLACIÓN

Agostados el árbol y la espiga,
el aljibe extenuado y el torrente,
quema el sol sobre el llano, refulgente,
en medio de un silencio que atosiga.

Un incendio voraz al monte hostiga:
arde la vieja encina, resistente,
se derrumba el quejigo lentamente,
no habrá jaras, tomillo o verde ortiga.

No escucho las esquilas del ganado,
de vuelta a la majada cada día,
ni murmuran los álamos cantores.

Otro pueblo termina abandonado,
y triunfan en la plaza ya vacía,
cenizas tristes sobre tiernas flores.

Además de las sensaciones, recuerdos, reflexiones relativos al entorno en el que crecí, hay, como no podía ser de otra manera, afectos, sentimientos, absolutamente inmunes al paso de los años y a salvo de cualquier incertidumbre. Pensé titular este poema *Toda una vida,* pero como ya estaba cogido para un bolero, concluí que *Siempre* podría ser una manera adecuada de encabezar este soneto dedicado a mi madre. No creo que haga falta añadir nada más.

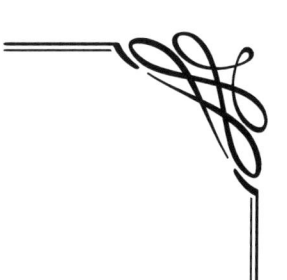

SIEMPRE

La recuerdo sonriendo, vigorosa,
en los primeros años de mi vida,
diligente, entregada, decidida,
elegante, coqueta, muy golosa.

Con la edad se tornó más cautelosa,
por el bien de los suyos, desvivida;
tras un golpe mortal quedó abatida
y llegó a la vejez siempre llorosa.

Revuelto ya el cajón de su memoria,
los rostros y los nombres confundidos,
el brillo de sus ojos se ha apagado.

En esa realidad tan ilusoria,
a su mesa nos ve a todos reunidos,
volviendo a un tiempo al fin recuperado.

Mi padre fue herrero de profesión, como mi abuelo y mi bisabuelo. También uno de mis hermanos ha seguido la tradición familiar. Todavía recuerdo, siendo niño, cómo me miraban en la fragua con cierta conmiseración al ver que yo no estaba dotado para el yunque y el martillo. El hecho de que fuera zurdo era, por razones misteriosas que yo no llegaba a comprender, un inconveniente añadido. Cuando pensé en escribir sobre mi padre, elegí este título por dos razones. La primera tiene que ver, lógicamente, con su trabajo. El segundo motivo remite al tópico *ab ipso ferro* del poeta latino Horacio, recogido más tarde, entre otros, por Fray Luis de León. En sus poemas se ensalza a quien se mantiene firme a pesar de los golpes de la vida. Algo parecido quise hacer yo.

DEL MISMO HIERRO

Lo recuerdo en la fragua atareado
con la forja del hierro incandescente,
o, al compás del martillo, persistente,
aguzando la reja de un arado.

Dichoso, de sus hijos rodeado,
cumplidor, decidido, vehemente;
con el tiempo, inseguro, muy prudente;
siempre ceremonioso y avispado.

Hoy habita una casa silenciosa,
sin reuniones, sin fiesta, sin contento,
sin su más añorada compañía.

En esta realidad tan dolorosa,
no se deja vencer del desaliento:
así afronta la vida cada día.

En cierta ocasión leí, no sé dónde, que nada abriga tanto como la amistad de los seres nobles. Me gustó la cita y decidí anotarla. No volví a acordarme de ella hasta que me puse a escribir sobre otro de los pilares que más confianza me aportan. Me refiero a la amistad. No a la ocasional ni a la reciente, o a la guadianesca, que aparece y desaparece sin saber cómo ni por qué, sino a la de toda la vida.

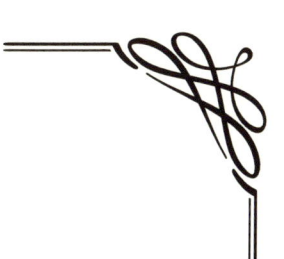

DE AFECTOS Y REFUGIOS

Entusiastas, alegres, muy ruidosos,
se entregan a la fiesta sin pereza,
al baile, a la risa y la cerveza,
a banquetes sencillos, sustanciosos.

Espontáneos, nada melindrosos,
su trato lo preside la franqueza,
al tiempo que demuestran su grandeza,
cuando llegan momentos azarosos.

No me piden jamás explicaciones,
siempre ofrecen afecto, compañía
y el amable calor que da un abrigo.

Con ellos no se sufren decepciones,
y a todos reconozco cada día,
la grata bendición de ser su amigo.

Además de los afectos cercanos y de la presencia de ese pasado que, afortunadamente, nunca se fue del todo, hay otras certezas irrevocables para mí. Están relacionadas con mi manera de entender el mundo y de enfrentarme a los problemas que día a día plantea. Hay un tema, recurrente en la historia de la literatura, que es el anhelo de una vida tranquila, alejada de sobresaltos y con moderadas pretensiones respecto a lo material. Considero que este asunto sigue teniendo vigencia en nuestros días, sobre todo si lo contrastamos con elementos fundamentales del ideario colectivo actual como son el afán por obtener éxito rápidamente, la obsesión por la notoriedad y el empeño por el lujo.

Como estoy convencido de que todo funciona mejor cuanto más sencillo es (probablemente se deba a mi natural torpeza), decidí escribir sobre este asunto.

UNA VIDA SENCILLA

Deseosos de triunfos y grandeza,
sedientos de prestigio y lucimiento,
buscamos obtener predicamento
y anhelamos el lujo y la riqueza.

Perseguimos aplausos sin franqueza,
codiciamos el éxito al momento,
la farsa preferimos, no el talento,
al tiempo que ocultamos tal bajeza.

Desprecio una existencia tan vacía,
una vida sencilla es mi deseo,
y me empeño en gozar de cada día,

sin premura ni afanes ni ajetreo,
disfrutando en amable compañía
una charla, unos versos o un paseo.

No sé si el tiempo en el que vivo es más complicado que otros por los que ya he pasado, quizás no. Cada época tiene sus propias dificultades que tendemos a minusvalorar una vez que han sido superadas. Sin embargo, actualmente, observo en nuestro mundo un nivel elevado de irritación, de violencia más o menos soterrada, que no recuerdo en otros momentos de mi vida. Hay tal tendencia al sectarismo, a la falta de sosiego para ponernos en el lugar del otro, que se hace muy difícil el acuerdo, el entendimiento o, cuando menos, una cierta concordia. A todo esto, habría que añadir el triste espectáculo que vemos continuamente en las noticias sobre conflictos bélicos más o menos cercanos. No tengo ninguna duda de que nada bueno puede venir de la falta de diálogo y de la negativa a buscar consensos. Esta es otra de mis convicciones más profundas.

El soneto que viene a continuación surgió en uno de esos momentos en los que me sentía francamente mal viendo lo que había a mi alrededor. Quise, a la vez, rendir homenaje a dos poetas, Blas de Otero y Gabriel Celaya, que tuvieron que escribir en unas circunstancias verdaderamente difíciles. A pesar de la falta de libertad que había en España cuando a ellos les tocó vivir, apostaron siempre por la paz, la palabra y la poesía.

RAZÓN DE VIDA

En un tiempo colmado de violencia,
donde la rabia ciega nos salpica,
la ira se impone, la razón claudica
y ante el odio sucumbe la prudencia.

Cuando todo se vuelve intransigencia,
la paz y la palabra reivindica
el poeta y su voz nos vivifica:
no hay forma más feliz de convivencia.

La vil hostilidad, el cisma cruento,
la discordia, la bronca o el combate
semillas son de un mundo más oscuro.

Para lograr acuerdo, entendimiento,
elijo la cordura y el debate,
pues son armas cargadas de futuro.

En la teoría de la comunicación se denomina ruido a los diferentes factores que impiden que el mensaje llegue con normalidad al receptor, de manera que este no podrá entenderlo completamente. Tengo la seguridad de que el nivel de ruido en nuestro tiempo es excesivamente alto. Se grita mucho, y no al estilo que señalaba el poeta León Felipe cuando explicaba por qué los españoles hablamos tan alto: «Tenemos los españoles la garganta destemplada y en carne viva. Hablamos a grito herido y estamos desentonados para siempre, para siempre porque tres veces, tres veces, tres veces tuvimos que desgañitarnos en la historia hasta desgarrarnos la laringe». No elevamos el volumen de nuestra voz para reclamar justicia o mostrarnos jubilosos por haber logrado algo grande. Actualmente, el ruido trae aparejada la falta de entendimiento, sirve para cavar trincheras e impide pensar con claridad.

Para escribir sobre el asunto, recordé el verso inicial de la obra teatral *Don Juan Tenorio*. Andaba nuestro protagonista intentando escribir una carta, pero era tanto el alboroto existente en la calle que le resultaba imposible concentrarse. Consideré que las décimas eran adecuadas para el tema que quería tratar y, con el fin de contribuir a rebajar la crispación, pensé que un poquito de humor vendría muy bien.

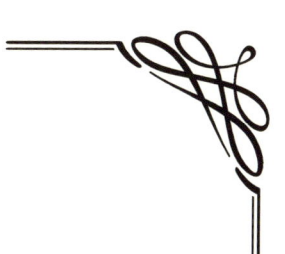

¡CUÁN GRITAN ESOS MALDITOS!

Por más que pienso y medito,
elucubro, reflexiono,
estudio, pienso, cuestiono
y, luego, recapacito…,
os concedo, yo lo admito:
no consigo comprender
qué ha podido suceder,
para llegar al estado
de este general enfado
que se observa por doquier.

Si la radio en la mañana,
desprevenido conecto,
empieza a surtir efecto,
por la bilis que ella emana,
la crispación cotidiana.
Así se va mi alegría,

ya no quiero compañía,
tan solo busco un contrario,
canalla, vil adversario,
para amargarle yo el día.

Si atendemos al Congreso,
vemos que se ha convertido
en la morada del ruido,
con tretas de trazo grueso,
donde nadie sale ileso.
No presenciamos debates,
lo que existen son combates
de escasa altura verbal:
se emplean contra el rival,
insultos y disparates.

En las redes digitales
no se puede discrepar,
ya que suelen contestar,
con improperios brutales,
fanáticos, radicales,
que sin un solo argumento
ni firme conocimiento,
desprecian lo que no entienden,
al tiempo que ellos se ofenden
con quien muestra su talento.

El clan, la tribu o camada
detestan al imparcial,
lo llaman tibio, asocial,
por no atender la llamada
que le hace la manada.
—¿Quieres el campo o lo urbano?,
¿eres de carne o vegano?,
¿fervoroso animalista
o apasionado torista?,
¿de rey o republicano?

Mejor tomemos distancia
y hallaremos zonas grises,
siempre ricas en matices,
que tienen mucha importancia,
para evitar la arrogancia.
Reivindico la mesura
porque a la rabia conjura,
y, contra la intransigencia,
usemos la inteligencia,
el sosiego y la cultura.

Hay conquistas sociales que son irrenunciables. Una de ellas es la libertad de expresión. No creo que corra peligro en nuestro entorno. No obstante, considero que existe en la actualidad una forma sutil, cada vez más generalizada, de evitar o de combatir el pensamiento crítico. Sobre todo a partir de la pandemia, asistimos a una sobreabundancia de noticias catastrofistas, alarmantes, que tienen como objetivo crear una atmósfera de miedo en la sociedad. Cuanto más atemorizados nos sintamos, menos dispuestos estaremos para manifestar nuestro desacuerdo contra aquello que nos parezca injusto, arbitrario. Lo contrario de la vida, como alguien dijo, no es la muerte, sino el miedo.

Dándole vueltas a estas ideas, me acordé de un famoso poema de Quevedo. De él he tomado el título y el verso final.

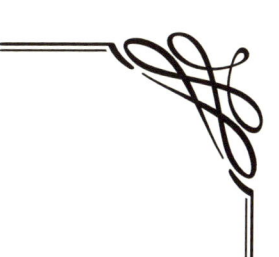

NO HE DE CALLAR...

Hoy los medios parecen empeñados
(con noticias de guerras, de sequía,
catástrofes, incendios, carestía),
en tenernos a todos alarmados.

Ojalá pronto estemos liberados
de agoreros que surgen cada día,
pregonando una época sombría,
a fin de que vivamos asustados.

No hay mejor medicina contra el miedo
que el humor, la verdad y la cultura,
con el juicio al poder siempre presente.

Recordad aquel verso de Quevedo,
opuesto a toda forma de censura:
«¿Nunca se ha de decir lo que se siente?».

Afirma un viejo adagio latino *Verba volant, scripta manent.* (Las palabras vuelan, lo escrito permanece). Por mi afición a la lectura desde mi infancia, después por mis estudios de filología y, finalmente, por mi trabajo como profesor de Literatura, soy un absoluto convencido de la grandeza de la palabra escrita. Tengo amigos que no han leído un libro en su vida. Los admiro por el amplio conocimiento que demuestran y que han adquirido de su entorno natural. En mi caso, la cultura es libresca (desde los primeros préstamos del bibliobús que iba a mi pueblo cuando yo era niño, hasta el *e-book*, que no termina de gustarme) y me aferro a ella porque me ha hecho ser lo que soy.

Ahora que, dicen, la escritura está en decadencia frente a la fuerza de las imágenes, es un buen momento para reivindicarla sin matices.

SCRIPTA MANENT

Una hoja de papiro delicada,
la tibia arcilla, el recio pergamino,
hasta el terso papel fueron camino
donde hallar la palabra atesorada.

Si la escribe una mente perturbada,
engendra desconcierto, desatino;
mas provoca emoción, placer divino,
si está por sabia mano utilizada.

Desprecio a quien ejerce la censura,
leal sirviente de la intolerancia
y adversario feroz de la cultura.

Aplaudo al que combate la ignorancia
con el arma eficaz de la lectura
proclamando del libro la importancia.

La afición a escribir versos es, en mi caso, un juego de la edad tardía. No los compuse cuando adolescente, y fue ya en una madurez avanzada cuando comencé a disfrutar del pasatiempo de la escritura propia. He de reconocer que me ha dado muchas satisfacciones. Supongo que mi inclinación a los grandes poetas del Siglo de Oro me llevó a tener en cuenta la rima y la medida en mis poemas. Algún amigo me ha animado a probar otra manera de componer, sin las limitaciones que imponen las estrofas clásicas. Como suelo atender a los consejos de la gente que me quiere bien, me he puesto a ello con verdadero empeño, pero reconozco mi incapacidad para el verso libre y para otro estilo diferente al que empleo.

El soneto siguiente, en esta relación de certidumbres que voy exponiendo, es una reivindicación de la manera de escribir que más me gusta, no solo en cuanto a la forma externa, sino también en lo que se refiere al contenido de mis versos. Si lo hago con mayor o menor fortuna, no es a mí a quien compete decirlo.

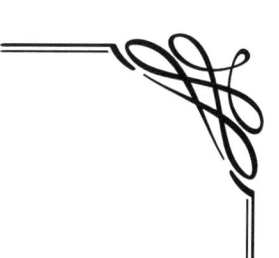

POÉTICA SENCILLA

Un rato se levanta mi esperanza,
igual que Garcilaso en su soneto,
cuando hallo ritmo y rima en el cuarteto,
consiguiendo que aumente mi confianza.

Ahora la segunda estrofa avanza
y al rigor del acento me someto.
Me causa el verso libre gran respeto
y siempre compondré a la antigua usanza.

No atiendo a lo divino, sí a lo humano,
alterno el tono serio y el jocoso,
aunque penas y ofensas las desecho.

Intento cuando escribo ser cercano,
no quiero resultar un pretencioso,
y, si entretengo, quedo satisfecho.

Mucho se ha escrito acerca de la inspiración, la creatividad, las musas La verdad es que no sé muy bien en qué consiste todo eso. En mi caso, lo que sí tengo como cierto es que lo de escribir es un proceso ciego en el que se va avanzando a base de tropiezos. Al mismo tiempo, me ayuda cuando me lo planteo como un reto que hay que superar.

El soneto que viene a continuación trata de esto. No siempre encuentro aquello de lo que me gustaría escribir. Cuando doy con el tema, ya tengo un asidero. A veces cunde el desánimo, pero no hay que rendirse. Se trata de ir avanzando, releyendo, desechando, corrigiendo. Al final, si no me gusta el resultado, lo tiro al cubo de la basura. Si me convence, lo doy por terminado.

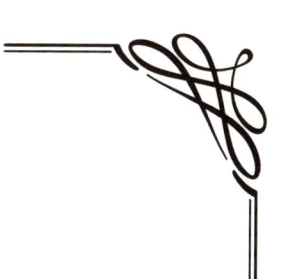

PROCESO IMPRECISO

Mil ideas bullendo en mi cabeza,
cuando intento escribir otra poesía,
y al mirar la hoja en blanco todavía,
sospecho que he perdido la destreza.

De repente, despierta mi agudeza
y doy con tema, tono y melodía,
mas, fallando en la rima que quería,
reconozco, irritado, mi torpeza.

Avanzo más tranquilo, decidido,
y no cedo si un verso se resiste,
pues me encuentro, por fin, en el terceto.

Cien veces el poema he corregido
y me siento gozoso, nada triste,
si consigo cerrar bien el soneto.

EXTRAÑEZAS

Son muchos más los engañados que los advertidos:
prevalece el engaño y júzganse las cosas por fuera.

—Baltasar Gracián

En la relación de situaciones que más trabajo me cuesta entender, cuando miro hacia afuera, está la preeminencia que ocupa en nuestro tiempo la realidad que ha dado en llamarse virtual. Reconozco que debe ser culpa de mis años. Personas muy cercanas a mí, más jóvenes sin duda, sonríen cuando expreso mi desorientación al ver cómo adquieren carta de naturalidad, aspectos, circunstancias que, hasta hace bien poco, eran impensables. Entiendo que este mundo virtual facilita en buena medida nuestra vida, pero no es menos cierto que encierra también mucho fraude.

En este soneto tuve presente una idea muy propia del Barroco y que se observa hoy en día: la realidad es algo confuso, los límites entre lo cierto y lo ficticio no están nada claros. Como tampoco se trata de tomarse las cosas excesivamente en serio, decidí emplear un tono irónico.

EN ESTOS TIEMPOS DE MUNDOS IRREALES

Confieso que me siento anonadado
al entrar en las redes digitales;
veo fotos sublimes, magistrales…
y resulta que todo es impostado.

Cupido sin trabajo se ha quedado,
pues Tinder brinda amores semanales;
y hay pinturas de artistas virtuales
que al genio de Picasso han postergado.

Con tanto trampantojo desmedido,
estafa, confusión, superchería,
hasta el mundo real provoca dudas.

Opino, sin embargo, convencido,
que el sanedrín por Cristo hoy daría
treinta criptomonedas para Judas.

La cuestión de la vanidad ha sido recurrente a lo largo de la historia. Basten dos ejemplos para sustentar la afirmación anterior. De uno de los libros que componen la Biblia, el Eclesiastés, he tomado prestado el título del poema que viene a continuación. Puede traducirse como «Vanidad de vanidades». Si damos un salto en el tiempo, podría citar la novela de Tom Wolfe, *La hoguera de las vanidades*, publicada en 1987 y que obtuvo un grandísimo éxito. Tradicionalmente, el tema de la vanidad servía para hacer una crítica moral al privilegiado, ya fuera en el terreno del poder político o en el económico. Solía tratarse junto al tópico de la fortuna, caprichosa, y se terminaba condenando a quien creía ser más grande de lo que era. La vanidad, sin embargo, presenta en nuestro tiempo unos matices diferentes que me gustaría resaltar. En primer lugar, se ha generalizado, se ha popularizado. Ya no hace falta pertenecer a la élite de los poderosos. De ello tienen mucha culpa las redes sociales. Por otra parte, la petulancia no surge por haber conseguido unos objetivos extraordinarios. Los logros, ahora, son verdaderamente ridículos.

Decidí escribir el soneto siguiente cuando descubrí, con sorpresa, que daban acceso a la fama y, con ello, a una dosis considerable de presunción, acciones tales como fotografiarse delante de una puerta o comiendo una simple hamburguesa. Son solo dos ejemplos, pero mi capacidad para el asombro ha quedado ampliamente confirmada.

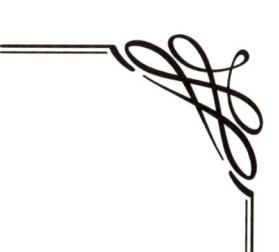

VANITAS VANITATUM

Enfermo por la búsqueda de fama,
mendigo del aplauso y de la gloria,
anhelas perdurar en la memoria
de caterva anodina que te aclama.

La torpe presunción tu vida inflama
y tienes como hazaña más notoria
preservar bien tu imagen, ¡gran victoria!,
que al Olimpo del necio te encarama.

A la caza de ajena aprobación
(defecto que te hace muy humano),
dedicas tu jornada con empeño.

Si desechas tan vana ocupación
rechazando el elogio, tan mundano,
lograrás de tu vida ser el dueño.

Una de las máximas filosóficas más célebres de la historia se la debemos a Aristóteles. En ella se afirma que la felicidad es el supremo bien y la máxima aspiración humana. En nuestros días, sin embargo, ya no se trata tanto de buscar la felicidad, sino de aparentarla. Acepto que a los niños hay que evitarles, en la medida de lo posible, situaciones desagradables. Si podemos librarlos de todo aquello que implique tristeza, alejarlos de las desgracias y que tengan una existencia feliz, mucho mejor. Sin embargo, cuando todo eso se generaliza al conjunto de la sociedad, esta se vuelve pueril e inmadura. Me cuesta trabajo entender esta actitud porque creo que, además, fomenta la mentira. Admiro y envidio el comportamiento estoico del que consigue mantenerse firme y sereno ante las dificultades que plantea el vivir. Sin embargo, no consigo comprender el afán por soslayar sistemáticamente la aflicción porque haya que mostrarse feliz en todo momento.

Cuando pensé en el título del poema, quise que aparecieran dos palabras, *mindfulness* y resiliencia, fundamentales en nuestros días y que han servido, dicho sea de paso, para un lucrativo negocio en forma de cursos, charlas y terapias.

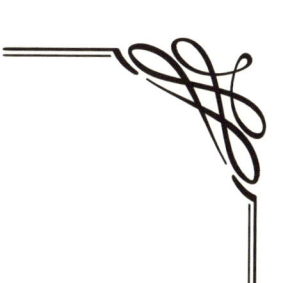

SOBRE MINDFULNESS, RESILIENCIA Y OTRAS OCURRENCIAS SEMEJANTES

Reconozco que pierdo la paciencia
cuando en medio de graves sinsabores,
dificultades, crisis, mil temores,
me aconsejan que tenga resiliencia.

Sonreír frente al mal es hoy tendencia,
defendida por sabios pensadores,
para hacernos más fuertes, superiores,
transformando el dolor en experiencia.

Siempre tengo que estar alborozado,
nunca debo expresar mi abatimiento,
ya que pueden tildarme de egoísta.

Desprecio tanto júbilo impostado,
prefiero quien se muestra descontento
a un triste disfrazado de optimista.

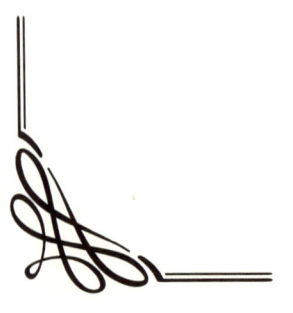

Modestos montajes teatrales para funciones benéficas y películas (todo ello en el cine-teatro de mi pueblo), así como algún humilde circo, con motivo de la feria, están entre mis primeras experiencias como asistente al mundo del espectáculo. Con el paso del tiempo, como no podía ser de otra manera, representaciones, conciertos y salas a las que he acudido me han ido mostrando un mayor nivel de calidad, complejidad, preparación. Intento, en cualquier caso, seguir disfrutando como lo hacía cuando era un niño. Hay varias facetas que para mí son importantes cuando hablamos de cine, teatro, de la música en directo, etc. Me interesan, en primer lugar, porque permiten la evasión de la realidad cotidiana, no siempre amable. En segundo lugar, el componente artístico, por pequeño que sea, tiene que estar presente, desde mi punto de vista. Por último, hay un trabajo, encomiable siempre, de los profesionales que se dedican a estos menesteres.

En el capítulo de asuntos que me producen extrañeza y desconcierto absoluto, está el descubrimiento de manifestaciones que, a través de las redes sociales, se han convertido en espectáculo. Hay una palabra, «viral», que resume el objetivo de muchos «artistas digitales». Cuando alguien consigue que lo que ha hecho en las redes, pueda calificarse con la mencionada palabra, ha alcanzado el éxito. No se dice nada de calidad, trabajo, intención estética.

En esta ocasión decidí emplear el romance, porque me permitía incluir diferentes situaciones absolutamente incomprensibles para mí, desde el gusto por la violencia a la falta de pudor para mostrar escenas más propias de entornos familiares o privados.

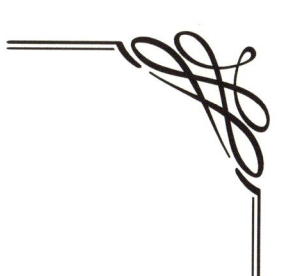

SOBRE ARTISTAS Y FANTOCHES

Reconozco aquí mi error,
estaba yo equivocado,
os ruego me perdonéis,
docto e ilustre senado.
Había siempre supuesto
que el mundo del espectáculo
era tarea de artistas,
de músicos y payasos,
oficios todos muy nobles,
muy dignos y necesarios,
porque no solo entretienen
al público, soberano,
sino que emplean el arte,
y consiguen cautivarnos.

Ahora, parece ser,
que las cosas han cambiado.
Ya no hace falta talento,
inspiración o trabajo.
Basta que un adolescente
quiera reventarse un grano,
le pida ayuda a un amigo
para en el móvil grabarlo
y la criatura en cuestión
va directa al estrellato.

Los hay también talluditos,
que juegan y hacen el ganso,
en programas de la red,
con un globo bien inflado…,
¡¡para que no caiga al suelo!!
¡¡Qué divertido, me parto!!

He asistido a comuniones,
bautizos y cumpleaños,
tan solemnes y fastuosos,
con tanta pompa y boato
como dispone en Oriente
el emir de un emirato,
y donde le dan al niño
más vítores, más aplausos

que los que un actor recibe
cuando el Óscar ha ganado.

Hay algunas actuaciones,
que no se dan en teatro,
(se difunden por WhatsApp,
sin mostrar ningún recato):
ahí se puede observar
a cuatro o cinco bigardos
pegándole una paliza
a un asustado muchacho,
mientras aplaude y berrea
un público entusiasmado.

Ya se termina el romance,
del mundo del espectáculo,
pero, antes de acabar,
permitidme aconsejaros
que es mucho mejor el cine,
un concierto o el teatro,
que un vídeo de Internet
donde juegan siete gatos.

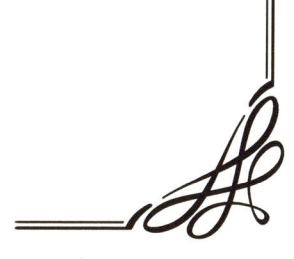

En el poema siguiente quise referirme a la denominada inteligencia artificial. La noticia de que había diferentes programas informáticos capaces, entre otras cosas, de generar textos, llamó mi atención. Todo lo que tenga que ver con la escritura me interesa. No pretendo oponerme a esta realidad. Sería absurdo. Son herramientas que nos hacen la vida más cómoda y eso es, desde mi punto de vista, siempre bienvenido.

En otro lugar de este libro, aparece un poema con el mismo título que el que viene a continuación. Este tiene un añadido porque conviene enfocar con humor estas nuevas realidades.

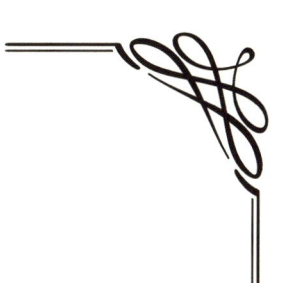

SCRIPTA MANENT (VERSIÓN SATÍRICA Y JOCOSA)

Se encuentran los escritores
taciturnos, cabizbajos;
van a perder sus trabajos,
no hacen falta más autores.

En sus libros el artista
antes mostraba el talento.
Ahora, con el nuevo invento,
se convierte en un copista.

No tendrá preocupación
el poeta con el ritmo,
pues un complejo algoritmo
soluciona la cuestión.

Debido a la inteligencia
que se llama artificial,
un majadero integral
simula tener sapiencia.

También vemos a estudiantes
presentar unos escritos,
tan geniales y eruditos,
que parecen de Cervantes.

Mi confusión no es pequeña,
ya que además me cohíbe
si un robot es quien escribe
de estos versos la reseña.

En fin, si alguno se irrita
por estas rimas banales,
es que hoy no tuve visita
de las musas digitales.

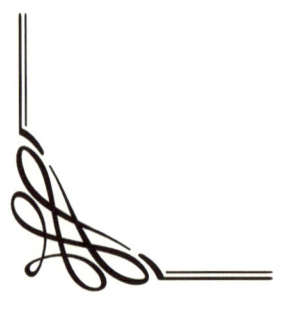

Hace algún tiempo, un amigo me envió un artículo donde hablaba de la divulgación de la poesía a través de Internet. De esta manera aprendí que se conoce con el nombre de «instapoetas» a aquellos que dan a conocer sus composiciones en una famosa red social. No entendía cómo algunas de las cosas que allí leí pueden considerarse poemas. Sinceramente, creo que la culpa es mía, estoy anticuado.

En cualquier caso, me pareció divertido lo que encontré en el mencionado artículo y decidí escribir en un tono jocoso sobre el asunto. El empleo de los tercetos encadenados se debe a que quise mezclar lo antiguo de la estrofa con la actualidad de esta nueva poesía. Hay en mi poema una referencia a una de estas composiciones que, al parecer, tuvo mucho éxito: «*Pa' Reina Maga tú/bailando en bragas en el salón,/cantando canciones/que no te sabes,/cada puta noche./Ese es mi regalo*».

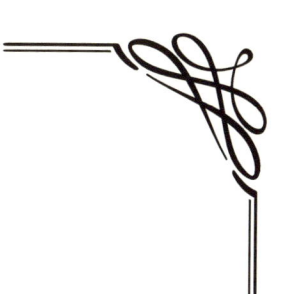

INSTAPOETAS
A LA VIOLETA

Si quieres ser llamado instapoeta
y que sean legión tus seguidores,
yo te animo a que sigas mi receta.

Olvida ya la rima y sus rigores,
tu verso de tan libre, licencioso,
muchos *likes* te dará, mas no lectores.

Ignora a quien te llame vanidoso,
puesto que en Internet eres fecundo;
es mejor que parezcas candoroso.

Intenta aparentar ser muy profundo,
desestima del crítico el sarcasmo,
pues tu reino no está en este mundo.

Abusa sin pudor del pleonasmo
y di que es sencillez y no simpleza:
aplausos lograrás, el entusiasmo

de quienes, ensalzando tu pureza,
afirman que «Pa' Reina Maga tú»
es el sumun de la delicadeza.

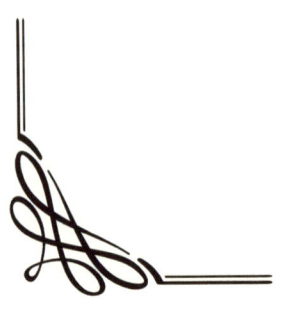

En este repaso de mis extrañezas, quisiera mencionar otra actitud que me cuesta mucho trabajo comprender. Me estoy refiriendo al entusiasmo, a la intensidad exaltada con la que hay que vivir en la actualidad cualquier experiencia. Se trata de alejarse de la sencillez y de una cierta serenidad a la hora de mostrar los sentimientos. Todo ello, además, se da acompañado de un halo de misticismo, de un aura de espiritualidad que, sospecho, es absolutamente superficial.

Son dos las situaciones que propongo para ejemplificar la citada conducta. Una de ellas es la que se observa con el fenómeno de las bodas hoy en día. Más allá del compromiso que establecen las personas que se van a casar y que respeto profundamente, las ceremonias nupciales se han convertido en auténticas puestas en escena, donde todo está pensado, medido y planificado hasta el más pequeño detalle. Estoy convencido de que, más pronto que tarde, veremos algo parecido en los entierros.

Creo que el humor, la parodia y la ironía son buenos ingredientes para aliñar el asunto.

VIEJOS VERSOS PARA BODAS MODERNAS

Confieso estar asombrado,
patidifuso, perplejo,
después de haber asistido
a lo que llaman evento,
que no es celebración,
ni convite ni festejo.
Estos son nombres caducos
y suenan poco modernos.

A una boda me invitaron,
y me puse muy contento,
hasta que me detallaron
cuál debía ser mi atuendo:
una camisa de lino
con el pantalón a juego,
y sandalias ibicencas,
sin corbata, por supuesto.

Había un *wedding planner*,
ahora os explico este engendro,
es quien organiza todo:
banquete, viaje y templo,
puesto que en una iglesia
se celebró el casamiento,
y los novios parecían
de guiñol unos muñecos
que, atentos, obedecían
al *planner*, ¡qué gran experto!

Cuando el ágape llegó
no hubo que tomar asiento,
pues la moda es que de pie
comamos los alimentos.
Todo en versión reducida,
los platos eran pequeños,
minúsculas las porciones
de solomillo de cerdo,
y en unos vasitos chicos
nos sirvieron salmorejo
y otros productos muy raros,
sofisticados, modernos,
con balsámicos vinagres,
tortillas hechas sin huevo,
tofu, algas y edamame,

menú propio de un jilguero.
El hambre que yo pasé
a nadie se la deseo.

Después vinieron los vídeos
y regalitos diversos,
para la madre y el padre,
para la suegra y el suegro,
para un tío, para un primo
y otro para los abuelos.
¡¡Qué derroche, qué abundancia!!
Nunca vi mayor dispendio.

Después de este desvarío
un DJ discotequero
hizo bailar a los novios
merengue, salsa y bolero,
y, aunque ellos lo intentaron,
poniendo todo su empeño,
yo creo que el resultado
no fue en absoluto bueno.
En tanto la barra libre,
más que barra, abrevadero,
se llenaba de *gin-tonics*
y de licores diversos.

En fin, ya voy terminando
la crónica de este evento
que muy poco se parece
a las bodas de otro tiempo,
donde con tres pastelitos
te marchabas satisfecho.

Con esto acabo el romance,
no es molestar lo que quiero,
sino entretener un rato
a un público tan discreto.

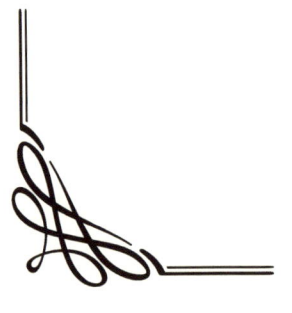

La segunda de las situaciones, que ejemplifica esa intensidad exagerada a la que me refería antes, es contemplar el fervor aparatoso y desbordante por hacer el Camino de Santiago, del que participan, de un tiempo a esta parte, personas de toda edad y condición. No hablo de una práctica que lleva haciéndose muchos siglos, sino de la moda en que se ha convertido la peregrinación a Compostela. Es como si la tumba del apóstol se hubiera descubierto hace pocos años y aquellos que han conocido la noticia quisieran ir, de repente, a un sitio que no sabían que estaba en el mapa o temieran que se vaya a cambiar su ubicación.

El romance siguiente lo escribí teniendo muy en cuenta que debía emplear el tono paródico y humorístico por una razón esencial: yo tengo experiencia como peregrino y creo que reírse de uno mismo es una actitud, como poco, saludable.

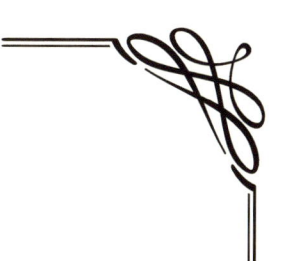

PEREGRINO DE DISEÑO

Con venera marca Quechua,
con bastón de peregrino,
con una mochila enorme,
donde caben treinta litros
(transportada en furgoneta,
yo no la llevo, tranquilos),
he terminado, por fin,
de Santiago el camino.

Etapas largas, muy duras,
con viento, calor o frío,
aunque debo confesaros
que más de un taxi he cogido:
si aparecía el cansancio,
si me dolía el tobillo,
cuando el calor apretaba
o el paisaje era anodino.

No he pernoctado en albergues,
he reservado hotelitos,
para que no me importunen
algunos con sus ronquidos
o el mal olor de sus pies
o al amanecer los ruidos.
Seguro que me perdona
el santo por mis remilgos,
pues deseo a quien me encuentro
que tenga muy buen camino,
aunque hay quien me ha acusado
de ser un poco cansino.

¡Qué experiencia más bonita!
¡Cuánta gente he conocido!,
croatas, griegos, polacos
americanos o chinos,
que en las paradas contaban
del viaje sus motivos.
¡¡Qué lástima de mi inglés!!,
no comprendo lo que han dicho,
yo no me entero de nada,
me parece que hago el primo.

Por fin, llegué a Santiago,
¡¡qué emoción, qué regocijo!!,
ya pude abrazar al santo,
ya he logrado mi objetivo…
Pero lo más importante,
como lo siento lo digo
(con la catedral al fondo,
más el encuadre preciso),
es hacerme una gran foto,
y que crean mis amigos
cuando en las redes la vean,
que soy un buen peregrino,
aunque lo del jubileo
a mí me importe un comino.

De un tiempo a esta parte, asistimos en las ciudades a un fenómeno muy del gusto de hosteleros y taxistas, entre otros gremios, pero que causa no pocos problemas en la forma de vida de los residentes habituales de dichas poblaciones, por no hablar del deterioro del medio ambiente en muchos casos. Me estoy refiriendo al turismo. No se trata de visitantes ávidos de conocer nuevos lugares, nuevas experiencias, un patrimonio artístico. Más bien parece que se trata de coleccionar sitios en los que se ha estado. He de reconocer que me resulta inconcebible esta manera de viajar. Los intereses económicos que subyacen a este turismo desaforado hacen muy difícil que esta situación pueda cambiar.

Aunque el debate sobre el tema da lugar a tratamientos muy serios, he decidido, para terminar esta relación de asombros personales, usar unas redondillas jocosas. En nada se parecen los argonautas, aquellos viajeros de la Antigüedad que fueron en busca del vellocino de oro, a los actuales turistas.

ARGONAUTA MODERNO

Ya tengo todo dispuesto,
hotel, maleta y avión,
y eso que en esta ocasión,
me pasé en el presupuesto.

Me lanzaré a disfrutar
tres ciudades en seis días,
contrataré a los guías
nada más aterrizar.

Entraré en diez catedrales
y no sé cuántos museos.
Estoy sintiendo mareos,
¡¡¡parecen todos iguales!!!

Allí nos han enseñado
unos cuadros muy hermosos,
aunque son lienzos famosos,
no sé quién los ha pintado.

Cinco horas esperando
para ver este palacio,
no lo podré hacer despacio,
del *free tour* me están llamando.

Qué decir del restaurante,
que me habían sugerido.
Algo de lo que he comido
funciona bien de laxante.

Saldré feliz en las fotos,
aunque me encuentre rendido,
y con tanto recorrido
tenga los zapatos rotos.

Pronto llegaré a mi casa,
no aguanto tanto barullo,
aunque se oye un murmullo
porque el vuelo se retrasa.

Ahora solo faltaba
que, al final de este viaje,
me pierdan el equipaje,
porque un tiro me pegaba.

AGRADECIMIENTOS

A Isabel Díaz y a Manuel Ortiz, que recibieron estos versos y estas prosas para que me hicieran las anotaciones y sugerencias que consideraran pertinentes, incluida, llegado el caso, la de que desistiera de su publicación. A Luis Lomelino, un artista de los de verdad, por haberme cedido una de sus acuarelas para la portada de este libro. A todos aquellos que me han seguido animando para que continuara escribiendo mis ocurrencias.